LA RELIGION EN ACTION

RÉPERTOIRE DE LA JEUNESSE.

*Drames. — Pastorales. — Comédies. — Tragédies.
Poëmes et chants divers.*

ALSÉNA

OU

LA PRISE DE JÉRICHO

DRAME HÉROI-COMIQUE EN TROIS ACTES

ET EN PROSE, MÊLÉ DE CHANTS

PAR

M. L'ABBÉ ESTÈVE

AUMONIER DU LYCÉE, OFFICIER DE L'INSTRUCTION PUBLIQUE,
CHEVALIER DE LA LÉGION D'HONNEUR.

DEUXIÈME SÉRIE.

POITIERS

HENRI OUDIN, LIBRAIRE-ÉDITEUR,

RUE DE L'ÉPERON, 4.

1866

AVIS DE L'ÉDITEUR.

Pour être essentiellement morales et religieuses, les pièces que nous publions n'en offrent pas moins une lecture aussi attrayante qu'elle est instructive.

Le plus grand soin ayant présidé au choix des sujets et à l'ordonnance des rôles, les drames, pastorales, etc., peuvent être joués dans les maisons d'éducation où l'on a conservé l'usage de ces sortes d'exercice.

Nous les croyons éminemment propres à rehausser l'intérêt qui s'attache aux solennités scolaires. Désireux de joindre autant que possible l'utile à l'agréable, *utile dulci*, comme dit l'adage antique, l'auteur s'est principalement inspiré des modèles si chers à la jeunesse : FÉNELON et RACINE.

OBSERVATION. — Quant à la plupart des couplets répandus dans les diverses pièces, on peut, à défaut du chant, se borner à les réciter.

ALSÉNA

OU

LA PRISE DE JÉRICHO

DRAME HÉROÏ-COMIQUE EN TROIS ACTES

ET EN PROSE, MÊLÉ DE CHANTS

PAR

M. L'ABBÉ ESTÈVE,

AUMONIER DU LYCÉE DE POITIERS, OFFICIER DE L'INSTRUCTION
PUBLIQUE, CHEVALIER DE LA LÉGION D'HONNEUR.

—

DEUXIÈME SÉRIE.

—

POITIERS

HENRI OUDIN, LIBRAIRE-ÉDITEUR

RUE DE L'ÉPERON, 4.

1866

PERSONNAGES.

—

ALSÉNA , jeune Cananéenne.
ZAMAIS, sa confidente.
HELCIA, mère d'Alséna.
GELBALA, sa suivante.
ENNOA, jeune Cananéenne.
ALCINOÉ, sœur de Josué.
WASTHINE, sa suivante.
LE CHŒUR.

SCÈNE.

1er et 2e actes : *Maison d'Helcia.*
3e acte : *Camp des Israélites.*

PROLOGUE.

—

Le sujet d'Alséna ou *la Prise de Jéricho* est tiré des premiers chapitres du livre de Josué.

On sait que la destruction de la ville *des palmes*, ce boulevard de l'idolâtrie la plus dégradante, ouvrit au peuple de Dieu les portes de la Palestine. Les conquérants ne tardèrent pas à s'établir dans ces riches contrées, selon la promesse souvent réitérée que Dieu en avait faite aux patriarches et particulièrement aux conducteurs d'Israël : Moïse et Josué. Quant aux circonstances d'imagination, ajoutées à ce fond authentique, elles sont en quelque sorte indiquées par l'Histoire-Sainte elle-même, qui fait intervenir une famille cananéenne dans les événements qui préparèrent la prise et la chute de la plus avancée et de la plus redoutable des forteresses de la Palestine. Du reste, ces détails d'ornements, ces créations de caractères sont consacrés par l'usage, dans la composition des œuvres de cette nature : Horace, Boileau, La Harpe et tant d'autres appréciateurs du bon goût en fourniraient au besoin la preuve, et sous ce rapport leur sentiment fait autorité.

ALSÉNA

ou
LA PRISE DE JÉRICHO.

ACTE PREMIER.

SCÈNE PREMIÈRE.

ALSÉNA.

Merci, mon Dieu : ils sont sauvés !

Du haut de la colline dont j'occupais le point le plus élevé, mes regards les ont suivis jusqu'aux bords du fleuve. Ni le glaive, ni les flèches cruelles n'ont pu les atteindre. Je les ai vus, ensuite, fendre les flots rapides.

Le brave Issachar frayait la route à son compagnon moins jeune et moins fort. Et cependant comme je tremblais, quand les vagues soulevées par le débordement du Jourdain formaient autour d'eux comme des montagnes menaçantes, puis, s'affaissant tout à coup, ouvraient des abîmes qui pouvaient, à chaque instant, les engloutir.... Mais le Dieu puissant d'Israël veillait sur ses élus, et déjà, hors de tout péril, ils ont, sans doute, en ce moment, rejoint leurs

frères au camp de Sétim , dans les plaines de Moab.
J'en ai , du moins, la douce et intime persuasion.
Hélas ! pourquoi faut-il qu'évanouies de ce côté, mes
inquiétudes continuent , tout aussi poignantes, au
sujet de ma tendre et chère Zamaïs ? Elle qui m'a
si courageusement secondée dans cette noble et dan-
gereuse entreprise ! oh ! qu'elle soit rendue à mon
affection, à mes embrassements , et je serai plus que
jamais persuadée que c'est le ciel qui nous a préser-
vées, le ciel qui a conduit à si bon terme le dessein
que lui-même m'avait inspiré. Ce dessein , deux
femmes , deux pauvres jeunes filles auraient-elles pu
l'accomplir sans un appui miraculeux , privées que
nous étions de toute aide et de tout secours humain ?

SCÈNE II.

LA MÊME, ZAMAIS.

ZAMAÏS.

Oui, parlez-en , mademoiselle, il y a de quoi , en
vérité ! c'est une belle équipée vraiment que nous
avons faite là, à nous deux !

ALSÉNA.

Est-ce que tu serais déjà au repentir de cette bonne
action ou plutôt de ce devoir sacré que nous avons
accompli ?

ZAMAÏS.

Non pas précisément, mais je n'oublierai de longtemps le danger que vous avez couru.

ALSÉNA.

Viens plutôt sur mon cœur, bonne et courageuse Zamaïs (*elle l'embrasse*). Enfin tu m'es rendue, tu as échappé à nos cruels persécuteurs : c'est tout ce que je demandais, et je dois remercier Dieu, le Dieu d'Israël qui est aussi le nôtre, de m'avoir accordé cette seconde et insigne faveur. Après cela, tu peux blâmer, critiquer à ton aise, la chose m'est à peu près égale : toujours est-il que nos amis sont sauvés, et je sais que, dans le fond de ton âme, tu en es tout aussi contente qu'Alséna.

ZAMAÏS.

Eh ! mon Dieu, il le faut bien, puisque le salut de ces étrangers vous tenait si fort à cœur. En vérité, vous n'en dormiez plus. Vous pâlissiez à vue d'œil, j'en aurais presque maudit vos chers protégés, cause de tant de ravages dans vos traits, naguère si calmes et si beaux : c'est pourquoi je vous ai secondée de toutes mes forces pour faciliter une évasion qui devait assurer votre repos. Et puis vous savez bien que pour vous être agréable j'affronterais mille fois même le trépas le plus cruel ; encore ma reconnaissance n'aurait-elle acquitté qu'une partie de sa dette, car enfin vous m'avez secourue vous, sans me connaître, par la seule impulsion de votre cœur, moi pauvre esclave destinée au couteau des sacrificateurs qui s'imaginaient suspendre, par l'effusion de mon sang, la marche des Israélites menaçant nos frontières. Oh ! cette scène à la fois sublime et affreuse, où un cher ange descendu du ciel m'a disputée à la barbarie la plus atroce ne sortira jamais de la mémoire de mon cœur, et je saisirai toute occasion de vous en donner la preuve.

ALSÉNA.

Ne parlons plus de cette circonstance où, après tout, je n'ai fait que mon devoir. Dis-moi plutôt comment tu es parvenue à détacher de mes pas les sbires cruels du roi de Jéricho, résolus de m'atteindre et de se venger sur Alséna de leur désappointement dans la poursuite des émissaires de Josué, l'illustre chef des Israélites.

ZAMAÏS.

Laissez-moi d'abord vous réciter un apologue oriental que vous trouverez peut-être passablement traduit dans la langue que nous parlons.

ALSÉNA.

Comment est-ce que tu es savante à ce point-là?

ZAMAÏS.

Savante n'est pas le mot, cependant il m'est resté quelques bribes de l'éducation que j'ai reçue avant d'être réduite à l'état d'esclavage par suite du désastre de fortune qui a frappé mes parents. Je croyais vous avoir prévenue de ces détails.

ALSÉNA.

Pas au sujet de ton savoir littéraire, ce qui prouve que tu es modeste et habile tout à la fois. Mais voyons l'apologue à travers lequel je dois lire, ap-

paremment, le stratagème dont tu t'es servie pour
ralentir la course des méchants sur le point de m'atteindre.

ZAMAÏS.

« Quand la perdrix
« Voit ses petits

« En danger et n'ayant qu'une plume nouvelle
« Qui ne peut fuir encor par les airs le trépas,
« Elle fait la blessée et va traînant de l'aile,
« Attirant le chasseur et le chien sur ses pas,
« Détourne le danger, sauve ainsi sa famille,
« Et puis, quand le chasseur croit que son chien la
« Elle lui dit adieu, prend sa volée, et rit   [pille,
« De l'homme qui, confus, des yeux en vain la suit.

ALSÉNA.

Si j'avais soupçonné ce manége de ta part, je ne
t'aurais point abandonnée dans la plaine, au milieu
d'un si grand péril; mais te croyant déjà rentrée
dans Jéricho, je me suis précipitée vers les remparts
tandis que tu étais généreusement occupée à donner
le change *aux chiens* et *aux chasseurs*, comme tu
dis, t'exposant ainsi toi-même aux traitements les
plus affreux, car malheureusement tu n'avais pas
les ailes de la perdrix pour t'envoler et rire de la
déconfiture des assaillants.

ZAMAÏS.

A défaut d'ailes, j'ai de bonnes jambes, et j'en
ai fait usage, comme vous voyez. Je vous ai promené

ces gens-là par les détours les plus escarpés de la
colline, puis quand je les ai vus plus essoufflés que
moi-même, présumant avec raison que vous étiez
hors de péril, j'ai détalé du côté des remparts avec
la rapidité d'une gazelle : en un clin d'œil, j'ai atteint et gravi l'échelle de corde qui nous a servi
à favoriser la fuite des émissaires israélites. Il était
temps, car au moment où j'arrivais au sommet, les
gens du roi se disposaient à prendre le même chemin,
quand tout à coup, détachant l'appareil qui retenait
l'échelle aux créneaux, je l'ai précipité sur la tête
de cette troupe ébahie et se débattant comme le
feraient des poissons pris au mailles d'un filet. En
vérité, je n'ai regretté qu'une chose : c'est que la
masse ne fût pas assez lourde pour les écraser.

ALSÉNA.

C'est un sentiment fort peu charitable.

ZAMAÏS.

Ah ! oui-dà, de la charité pour les suppôts de
Moloch ! pour d'infâmes assassins dont le poignard
menaçait ma bonne maîtresse que j'aime toujours
davantage s'il est possible, à mesure que la généro-
sité de son cœur se manifeste par les traits d'un
héroïsme incomparable.

Tenez, j'aurais bonne envie de me jeter à vos
pieds, vous priant de les mettre sur mon cou, et de
fouler mes épaules en signe d'éternelle domination
sur la plus humble de vos servantes; car en moi tout

vous appartient : cœur , volonté , forces toujours à votre disposition.

ALSÉNA.

L'expression de pareils sentiments ne doit monter que vers Dieu seul, parce qu'elle est trop voisine de l'adoration qui n'appartient à aucune créature, fût-elle même des plus méritantes, et je suis loin d'être de ce nombre. Pour toi , chère Zamaïs , tu n'es pas mon esclave : ai-je besoin de le répéter ? Encore une fois je t'adopte pour ma sœur et mon amie la plus tendre : c'est sur ce pied-là que nous devons désormais agir l'une à l'égard de l'autre. En retour je ne demande qu'une seule chose, c'est que mon Dieu soit ton Dieu et que son peuple soit aussi ton peuple.

ZAMAÏS.

Il en sera absolument comme vous le voudrez : votre religion je l'embrasse de cœur, non pas que j'en aie encore beaucoup examiné l'excellence , mais par cela seul que c'est la vôtre : aussi bien avons-nous besoin d'être unies plus que jamais et par tous les liens possibles , attendu que nous ne sommes pas à bout d'épreuves ; sans parler de celles que nous prépare la grande armée qui marche contre Jéricho, vous aurez bientôt à rendre compte à votre mère d'une absence qui a dû la plonger dans de vives inquiétudes, je suis même étonnée qu'elle ne soit point encore venue interrompre les explications mutuelles que nous avions à nous donner. Mais que dis-je ? voici Gelbala et par conséquent du nouveau.

SCÈNE III.

LES MÊMES, GELBALA.

GELBALA.

En vérité, je vous croyais perdues ! et c'est bien heureux qu'enfin vous soyez rentrées. Toutes les personnes de la maison sont à votre recherche. Jusqu'à présent, pas de nouvelles. Et cependant depuis votre départ ou plutôt votre fuite à la sourdine, le sablier du pavillon a presque vidé deux fois le casier qui porte dix heures. Or savez-vous, mademoiselle, que madame votre mère en est malade, et cela se conçoit, car enfin...

ZAMAÏS.

Nous n'étions pourtant pas devenues couleur d'invisible.

ALSÉNA.

Tais-toi, Zamaïs : ma mère étant souffrante, il faut que je coure la rassurer, la consoler et l'embrasser. Dieu ! la voici !

SCÈNE IV.

LES MÊMES, HELCIA.

ALSÉNA (*se jetant aux pieds de sa mère*).

Pardon, ma mère, pardon mille fois des inquiétudes si graves que je vous ai occasionnées, fort involontairement, croyez-le bien.

HELCIA (*la relevant*).

Involontairement... je m'efforce de le croire. Cependant il me faut des explications qui, sans doute, ne me seront pas refusées.

GELBALA.

C'est là que je les attends toutes deux !

ZAMAÏS (*à part*).

Quelle rude épine à nous tirer des doigts !

HELCIA.

J'ai à vous poser, en présence de Zamaïs, quelques questions importantes, auxquelles vous aurez la bonté de répondre avec franchise et précision.

ZAMAÏS (*à part*).

Nous verrons bien.

GELBALA.

Que dis-tu là entre les dents ?

ZAMAÏS.

Ça ne regarde que moi.

HELCIA.

Vous savez, ma fille, que la ville entière est dans une agitation profonde au sujet des espions que le chef des Israélites a envoyés ici pour examiner les fortifications et l'intérieur de Jéricho ?

ALSÉNA.

Oui, ma mère.

HELCIA.

Heureusement on les a découverts, ils sont pris, et
le roi les tient sous bonne garde.

ZAMAÏS.

Oui, comme on tient en cage des oiseaux qui en
sont partis.

HELCIA.

Ils sont sous les verroux, te dis-je : j'ai de sûrs
garants de ce que j'avance.

ZAMAÏS.

Nous avons aussi les nôtres, et des meilleurs.

HELCIA.

Je parle à ma fille, et non à Zamaïs. Est-il vrai
qu'au moment où l'on fait si bonne garde aux portes
de la prison et autour des remparts, qu'au moment
où chacun rentre et se tient soigneusement chez soi,
pour ne point entraver le service des hommes de
guerre, on vous ait aperçues l'une et l'autre errant
dans la plaine de Janoé, puis vous élançant sur la
colline qui domine à pic les bords du Jourdain ?

ZAMAÏS.

Que voulez-vous, madame, on a quelquefois besoin de respirer l'air de la campagne.

HELCIA.

Encore une fois, c'est à ma fille de répondre et
non à Zamaïs.

GELBALA.

Pas moyen de la faire taire.

ZAMAÏS.

Vous savez, madame, que le fleuve est débordé par ce temps-ci, et que c'est un beau spectacle à contempler...

GELBALA.

Oui, pour des imprudentes, et une curieuse comme toi.

ZAMAÏS.

Ce plaisir-là n'est pas défendu ; joignez que les flancs de la colline, du côté de la plaine, sont couverts d'arbrisseaux en fleurs, myrtes et grenadiers, et au-dessous, les pieds foulent des tapis de gazon parsemés de fraises rouges comme la pourpre de Tyr. Les parfums qui s'en échappent surpassent les arômes les plus délicats. Et puis elles sont d'un goût à tenter les immortels....

GELBALA.

Voyez-vous la gourmande !

HELCIA (*avec autorité*).

Tous ces détours et toutes ces brillantes descriptions ne sauraient me donner le change ; du reste, le silence de ma fille m'annonce qu'elle est coupable. Serait-il possible qu'elle eût rencontré, dans ma maison même, une conseillère perfide ?

ALSÉNA.

Zamaïs est aussi vertueuse et aussi délicate que mes intentions sont pures.

GELBALA (*à Zamaïs*).

Je ne suis pas fâchée que les brouillards vous atteignent un peu , belle mijaurée que vous êtes, vous par qui tout le monde aurait juré dans cette maison. *Zamaïs par ci! Zamaïs par là!* on n'entendait pas autre chose.

ZAMAÏS.

Rancune et jalousie... que c'est donc vilain !

GELBALA.

Comme si on ne savait pas ce qu'elle a été, affranchie !... Elle a oublié son premier état.

ALSÉNA.

L'ayant prise sous ma protection, j'exige qu'elle soit ici respectée. Elle en est digne à tous égards.

GELBALA (*à part*).

Peste ! comme mademoiselle en est affolée.

HELCIA.

Zamaïs, Gelbala, allez plus loin finir une querelle qui me fatigue. Je veux être seule avec Alséna. Vous comprenez...

ZAMAÏS.

Oui, madame.

(Elles font la révérence.)

ZAMAÏS (*en sortant*).

Pauvre chérie, que je la plains ! Courage, mademoiselle, ne vous déconcertez pas.

SCÈNE V.

ALSÉNA , HELCIA.

HELCIA.

Au nom des lois les plus sacrées, de la conscience et de la piété filiale, sous peine d'encourir la malédiction de ta mère, je t'ordonne, Alséna, de me déclarer le motif qui t'a portée à quitter notre maison, pour aller, au milieu de tous les dangers imaginables, t'égarer avec ta chère Zamaïs dans les bosquets de Janoé, puis à gravir le sommet de la colline par les sentiers les plus couverts....

ALSÉNA.

C'était afin de dérober à la poursuite des gens du roi les émissaires de Josué, l'illustre et vaillant chef des Israélites.

HELCIA.

Ciel, qu'ai-je entendu ? Suis-je la victime de quelque songe affreux ? Ma fille devenue à ce point l'amie des infidèles ! Mais c'est impossible !

ALSÉNA.

Ma mère, les infidèles sont à Jéricho, et les vrais serviteurs de Dieu à Sétim., dans le camp d'Israël.

1*

HELCIA.

La foudre tombant sur un palmier qu'elle brise-
rait, par un ciel brillant et pur, me causerait une
surprise moins grande. Mais comment les perfides
se sont-ils échappés de la prison qui les retenait ?

ALSÉNA.

C'est moi qui leur en ai ouvert les portes.

HELCIA.

Et comment cela, je te prie ?

ALSÉNA.

En gagnant les gardes à prix d'argent. Vous savez
bien qu'à Jéricho il n'y a que vénalité et révoltante
corruption de toute manière, mais ici Dieu a su tirer
le bien du mal même.

HELCIA.

Et tu n'as pas craint le châtiment terrible qui
peut suivre une pareille trahison ?

ALSÉNA.

Ma mère, il n'y a ni trahison, ni crime à délivrer
des innocents qui exécutent les ordres de Jéhovah.
Je n'ai fait qu'obéir à la voix de ma conscience et au
devoir d'une sincère adoratrice du Dieu vivant, seul
digne de notre amour et de nos hommages.

HELCIA.

Eh! qui donc a pu rompre aussi violemment les
liens qui t'enchaînaient au culte de Moloch, la
grande divinité de Chanaan ?

ALSÉNA.

Un jour, qu'avec mes compagnes couronnées de roses, je formais des chœurs de danses autour des idoles que je respectais par habitude plutôt que par penchant et par conviction, les sacrificateurs interrompirent ces jeux et ces chants qu'accompagnait le cistre d'or. Ils s'avançaient poussant des cris sauvages et traînant au pied du monstre d'airain une toute jeune et tremblante esclave qu'ils allaient égorger sous nos yeux, pour en faire couler le sang sur l'autel déjà tant de fois rougi par d'innocentes victimes. Saisie d'un transport surhumain je m'élançai, sans crainte, au milieu du cortége étonné, résolue que j'étais d'arracher la victime aux mains de ses bourreaux. Soit respect pour la fille d'Helcia dont ils connaissaient le crédit auprès des plus hauts personnages, soit stupéfaction causée par ma démarche hardie, ils me laissèrent détacher les liens qui retenaient la victime, et je l'emportai plutôt que je ne l'entraînai hors de ce lieu de meurtre et d'infâme boucherie. Vous comprenez, ma mère, qu'après une scène de cette nature rien ne saurait égaler ma répulsion pour le culte des idoles et l'horreur que m'inspire un temple où s'abritent de pareilles monstruosités !

HELCIA.

Et cette jeune esclave que tu as arrachée à la mort c'était Zamaïs ?

ALSÉNA.

Oui, ma mère.

HELCIA.

O malheur ! c'est elle qui t'a perdue !

ALSÉNA.

Que dites-vous, ma mère? c'est elle qui m'a sau-
vée, aujourd'hui encore, en donnant le change aux
méchants qui me poursuivaient, s'exposant elle-même
au sort le plus funeste pour empêcher que je ne fusse
atteinte et reconnue.

HELCIA.

Je comprendrais l'impression pénible qu'a dû
produire sur ton âme jeune et tendre l'exigence du
culte de nos dieux, dans les circonstances critiques;
mais il y a loin de cette répulsion instinctive à la
reconnaissance et à l'adoration du Dieu d'Israël,
ennemi de ta patrie.

ALSÉNA.

La réflexion augmenta, loin de la diminuer, l'impression ineffaçable qui m'est restée de ce spectacle
odieux. A partir de ce jour, le trouble et l'inquiétude
s'emparèrent de tout mon être, et le doux sommeil
cessa de me visiter. Quand Dieu a résolu de s'acquérir
une âme, il ne cesse de la travailler jusqu'à ce qu'il
en possède toutes les puissances. Afin de calmer mes
ennuis et les agitations d'une conscience altérée de
repos, je dirigeais de préférence mes pas vers la
campagne majestueuse et fleurie: c'est là que Dieu le

Tout-puissant, l'éternel vainqueur, m'attendait pour achever sa conquête, en me faisant comprendre que l'auteur des merveilles saisissantes dont j'étais entourée ne pouvait être l'idole affreuse qui reçoit les hommages des habitants de Jéricho. Le spectacle de la nature jette dans le cœur une impression de grandeur et d'apaisement qui n'a rien de commun avec l'idée si étrange que les prêtres de Moloch et de Baal inspirent à leurs tremblants sectateurs. Cependant mes regards se portaient instinctivement vers la pointe de Phasga, et je me disais : Là sont dressées autour de la montagne les tentes du peuple d'Israël dont la renommée a pénétré de proche en proche jusqu'aux frontières de Chanaan. Ce peuple, qui s'est appelé le peuple de Dieu, adore, sans doute, le créateur unique dont le cœur et l'esprit droit reconnaissent l'existence, à l'aspect des œuvres qui racontent sa gloire et sa puissance incomparable.

HELCÍA.

J'avoue que tes discours m'intéressent, et qu'ils pénètrent mon âme de je ne sais quel sentiment qui m'était inconnu et qui me rendrait heureuse, si je ne voyais ma fille engagée dans des périls dont je redoute l'issue fatale.

ALSÉNA.

Souffrez que je continue l'histoire d'une conversion qui tôt ou tard amènera la vôtre : c'est mon vœu le plus ardent. Pendant que nous reposions Zamaïs et moi sous l'ombrage protecteur d'un platane , le sommeil vint clore mes paupières fatiguées. Presqu'aussitôt m'apparut en songe la plus délicieuse des images : il me sembla qu'une belle et gracieuse princesse m'abordait avec un sourire si attrayant qu'il ne pouvait éclore que sur des lèvres angéliques. « Je suis, me dit-elle, la fille du Pharaon , premier persécuteur d'Israël ; c'est moi qui sauvai des flots du Nil prêts à l'engloutir la frêle existence de l'enfant devenu plus tard le libérateur et aussi le législateur de son peuple. Apprends que l'Eternel, le Dieu d'Abraham, d'Isaac et de Jacob t'a choisie pour continuer ma mission protectrice en favorisant l'introduction des Israélites dans la terre qu'il leur a promise. » Au même instant, se déroulèrent, sous mes yeux ravis, les tableaux, les spectacles les plus imposants , les plus saisissants : Moïse instruit dans toutes les sciences les plus relevées, par les soins de sa douce et puissante libératrice; Israël s'échappant de la terre d'esclavage , au nombre de 600,000 combattants ; la mer écartant ses vagues mugissantes pour leur livrer un passage miraculeux et , sur l'autre bord , le héros de la délivrance entonnant l'hymne d'actions de grâces , le sublime confident de l'Eternel quittant les hauteurs du Sinaï, et, le visage ceint d'une auréole de feu, présentant au peuple prosterné les tables de la loi écrite sous la dictée de Dieu même ; les prodiges se multipliant dans le désert ; la manne tombant du ciel ; et, à la voix de Moïse, les eaux jaillissant des rochers, et puis l'austère et intrépide Josué se chargeant de réaliser par le glaive les plans sublimes que lui a légués son prédécesseur, et puis encore, ce qui bientôt s'exécutera, le Jourdain traversé et Jéricho tombant à l'aspect de l'Arche sainte. — Mais ici les tableaux se rembrunissent, le massacre et là destruction des habitants de la cité, quelqué coupable qu'elle soit, me navrent de tristesse et j'osai demander : *Mais les enfants, mais les innocents....?* Et il me fut répondu : « Jéricho ne renferme que des *abominables* qui ont hérité de la corruption de leurs pères. » Mais, ajoutai-je encore, *et ma mère et mes sœurs....?* Alors la douce apparition se penchant vers moi, et me souriant avec sa grâce première : « Tiens, me dit–elle, voici le gage de leur salut. La maison où flottera cette banderolle d'écarlate sera respectée par les assaillants. » Le bonheur que j'éprouvai, à cette nouvelle qui m'assurait du moins la préservation de ce que j'ai de plus cher au monde, me fit pousser un tel cri de reconnaissance que le songe s'évanouit, et avec lui ma chère et sublime interlocutrice. Zamaïs s'étant aussitôt rapprochée me trouva nantie du palladium angélique, preuve que je n'étais point en proie à quelque folle hallucination. Ma mère, promettez-moi d'en faire usage, au jour du danger; je l'ai à dessein mis à votre disposition dans ce coffret lamé d'or, et dont l'ouverture tient au secret que vous connaissez.

HELCIA.

Au milieu de tant de merveilles dont la plupart

jusqu'ici, du moins, me trouvent quelque peu incré-
dule, je reconnais avec bonheur que ta tendresse filiale n'a pas souffert et que tes sentiments d'amitié
pour les nôtres sont demeurés les mêmes.

(Elles s'embrassent.)

HELCIA *(continuant).*

Mais, dis-moi, chère Alséna, ne seras-tu pas toi-
même victime de la terrible catastrophe qui, d'après
ton rêve, serait sur le point de se produire ?

SCÈNE VI.

LES MÊMES, GELBALA.

GELBALA *(avec une air effaré).*

Des gens qui se disent les envoyés du roi deman-
dent à parler à Madame et aussi à mademoiselle
Alséna...

HELCIA.

Dieux ! mes funestes pressentiments seraient-ils sur
le point de se réaliser ? Je ne veux pas, ma fille, que
tu m'accompagnes ; seule je veux paraître et seule je
répondrai pour toutes deux. Course imprudente,
funeste dévouement à des étrangers, que vous allez
me coûter cher ! Ah ! du moins que je l'embrasse encore ! hélas ! c'est peut-être pour la dernière fois !

ALSÉNA.

Non, ma mère, ayez confiance : le Dieu que j'a-
dore et que bientôt vous reconnaîtrez vous-même,

nous conservera, vous pour mon bonheur et moi pour le vôtre.

SCÈNE VII.

ALSÉNA (*seule*).

Dieu d'Abraham, d'Isaac et de Jacob, faites tomber le voile qui pèse encore sur ses yeux; qu'elle aussi vous reconnaisse et vous adore; que tous ceux qui me sont chers, loin de s'y opposer, favorisent la marche et le triomphe de votre peuple! Oh! s'il ne fallait qu'une victime d'expiation pour le rachat de la cité criminelle, que l'effusion de mon sang rachète celui de tous les coupables!

SCÈNE VIII.

LA MÊME, ZAMAIS.

ZAMAÏS.

Ce n'est pas tout à fait de cette manière-là que je l'entends, moi; et j'espère bien que le ciel n'exaucera que le commencement de votre prière. Que Dieu fasse grâce à tous, je ne demande pas mieux; mais qu'il vous prenne et qu'il vous punisse pour les autres, vous qui êtes l'innocence et la vertu mêmes, oh! que non pas! Je vous avoue que si la chose se passait de cette façon-là, ma croyance, qui n'arrive que doucement et à petits pas, s'en retournerait bien vite, et cela pour ne plus revenir jamais.

ALSÉNA.

Cependant il semble, chère Zamaïs, que l'expiation

par délégué entre dans les desseins éternels. Il m'a
été révélé qu'une grande, pure et sainte victime paye-
rait, un jour, la rançon du genre humain tout entier, incapable de se relever par lui-même de l'état
d'abaissement où l'a réduit quelque désastre primitif.
Heureux qui, sans aspirer à la dignité ineffable de
l'incomparable *Patient*, offrirait, du moins, quelque
ombre du sacrifice rédempteur ! Du reste, plusieurs
personnages, Isaac et Joseph, par exemple, auraient
déjà rempli ce rôle figuratif.

ZAMAÏS.

Ces idées-là sont trop hautes pour entrer dans ma
tête, à l'heure qu'il est. En attendant, le but unique, selon moi, de votre mission se trouve atteint,
puisque nos amis Issachar et Joram ont échappé au
poignard des mécréants. Et vraiment, je m'en réjouis
de tout mon cœur, à telles enseignes, que j'ai com-
posé, sur ce sujet, un chant lyrique, paroles et mu-
sique, tout à la fois. Je suis habile, comme vous savez; et de plus je compte sur vous pour m'aider à
l'exécuter; tenez, voilà votre partie, et voici la
mienne; attention, s'il vous plaît... une, deux...

(*Elles chantent.*)

L'évasion.

Air : *Grâce, grâce, Seigneur.*

Les méchants avaient dit, dans leur sombre colère :
« Poursuivons et frappons l'étranger criminel ».
Mais, voilà qu'évitant la flèche meurtrière,
Nos amis ont rejoint les tentes d'Israël !

Mais, voilà que trompant des fureurs insensées,
S'échappent les vaillants que Dieu s'est réservés !
Evanouissez-vous, tyranniques pensées ,
Honneur à Jéhovah ! nos amis sont sauvés !

Coupable Jéricho, de ta superbe enceinte
Cesse de nous vanter les créneaux fastueux,
Quand déjà nous voyons s'avancer l'Arche sainte
Qui les fera tomber sur tes fils orgueilleux...

FIN DU PREMIER ACTE.

ACTE DEUXIÈME.

SCÈNE PREMIÈRE.

ZAMAIS, GELBALA.

ZAMAÏS (*tendant la main à Gelbala*).

Soyons amies, Gelbala : c'est moi qui t'en convie.

GELBALA (*faisant quelque difficulté*).

Oui après les mots si mortifiants que tu m'as dits.

ZAMAÏS (*insistant*).

Allons donc ! et puis je voudrais bien savoir quelle
est celle de nous deux qui a le plus à se plaindre ,
qui donc m'a appelée moi : *curieuse, bavarde, gourmande*, etc. ?

GELBALA.

D'abord, c'est toi qui as commencé et puis, franchement, je t'en voulais pour avoir mis le désordre dans la maison et le désespoir dans le cœur de Madame, en te prêtant à la fugue de Mlle Alséna.

ZAMAÏS.

Comme c'est aimable, ce que tu me dislà, encore !

GELBALA.

J'aime autant la mère que tu aimes la fille : dès lors tu dois comprendre....

ZAMAÏS.

Je comprends que tu es dans une erreur des plus déplorables, surtout en ce qui concerne la religion. Sous ce rapport, au moins, il y a de quoi te plaindre, et je te plains sincèrement. C'est pour cela que je viens te proposer de faire la paix, afin que cela me donne la facilité de t'instruire et de t'amener à des sentiments plus raisonnables. Vois-tu, Gelbala, il n'y a qu'une seule véritable religion, la religion des Israélites adorant le Dieu qu'adoraient leurs ancêtres, et s'en rapportant, pour les détails, à leurs chefs que ce Dieu protége visiblement. C'est lui, en effet, qui les a délivrés d'un rude esclavage ; il les aime comme un père aime ses enfants. Sa présence, au milieu de sa famille, se fait sentir par des soins journaliers et les attentions les plus tendres, tandis que le culte des idoles ne s'adresse qu'à des masses de pierre ou d'airain grossièrement façonnées. Le Dieu d'Israël est un Dieu vivant qui n'a jamais fait que du bien à ses fidèles adorateurs.

GELBALA.

Comment, Moloch n'est pas un Dieu vivant, bien vivant, très-vivant ?

ZAMAÏS.

Eh ! non, te dis-je. Moloch a des yeux qui n'y voient pas, des oreilles qui n'entendent pas et une bouche qui n'a jamais parlé, quelque large et effroyable qu'elle paraisse.

GELBALA.

Eh ! que dis-tu là ?

ZAMAÏS.

En revanche, il mange beaucoup, il lui faut à chacun de ses quatre repas un bœuf!

GELBALA.

Un bœuf tout entier ?

ZAMAÏS.

Tout entier !

GELBALA.

Eh ! que dis-tu là?

ZAMAÏS.

Plus une demi-douzaine de veaux, 24 moutons; plus des centaines de tourtes-gâteaux, et des meilleurs!

GELBALA.

Eh ! que dis-tu là ?

ZAMAÏS.

Je dis la vérité.

GELBALA.

Attention, il me vient une idée ! puisqu'il est si

grand mangeur, il est donc vivant, vivant, et bien
vivant?

ZAMAÏS.

Pas du tout.

GELBALA.

Alors je n'y comprends plus rien.

ZAMAÏS.

Comment! tu ne vois pas que ce sont les sacrificateurs, leurs femmes, leurs enfants et leurs petits-
enfants qui mangent tout cela en cachette et qui font
croire aux imbéciles que c'est la statue qui a tout
dévoré?

GELBALA.

Eh! que dis-tu là?

ZAMAÏS.

Je dis la vérité, rien que la vérité, mais pas toute
la vérité, car il se commet tant d'horreurs dans les
mystères de Moloch, qu'il m'est impossible de toutes
les énumérer! D'ailleurs, je ne le voudrais pas.

GELBALA.

Attention! Encore une idée qui me vient. Peut-
être que Moloch habite dans l'intérieur de la statue?

ZAMAÏS.

Dans l'intérieur il n'y a que des fourneaux pour
rôtir les victimes, et dans les chambrettes de décharge
pratiquées dans les vastes flancs du colosse, des nichées
de rats et d'autres vilaines bêtes qui sortent pen-

dant la nuit, pour dévorer les restes des victimes, quand les prêtres de l'idole ont pris ce qui est à leur convenance, c'est-à-dire tout ce qu'il y a de meilleur.

GELBALA.

Eh ! que dis-tu là ?

ZAMAÏS.

Encore une fois, je dis la vérité.

GELBALA.

Et Madame qui croit à cette religion-là !

ZAMAÏS.

Madame se trompe, voilà tout. Du reste Mlle Alséna est en train de la convertir, et c'est pour cela que je voudrais te convertir aussi, mais je m'aperçois que j'ai fort à faire.

GELBALA.

Pourquoi cela ?

ZAMAÏS.

Parce que tu me parais encore tout entichée de ton Moloch qui n'est qu'un monstre absurde, aussi cruel qu'abominable.

GELBALA.

Oh ! pour le coup c'est trop fort.

ZAMAÏS.

Veux-tu que je te rapporte un peu son histoire en la reprenant de plus haut ?

GELBALA.

Voyons ça.

ZAMAÏS.

Quand je dis son histoire, j'ai tort, je devrais dire
les fables ridicules que les sacrificateurs ont inventées
pour donner du relief à leur idole; encore si ces fables avaient quelque chose d'acceptable pour le bon
sens ou d'agréable dans l'expression, on pourrait jusqu'à un certain point en excuser les fabricateurs!
Mais non! tout y est détestable pour le fond comme
pour la forme.

GELBALA.

Voyons toujours.

ZAMAÏS.

Il faut d'abord que tu saches que Moloch ou Saturne, c'est la même chose.

GELBALA.

Ça m'est parfaitement égal; après?

ZAMAÏS.

Saturne est le nom qu'on lui donne dans certains
pays et particulièrement dans le ciel.

GELBALA.

Il y en a donc un autre là-haut?

ZAMAÏS.

C'est-à-dire qu'on a supposé cela comme tout le
reste. Mais, en réalité, il n'y a au ciel, comme sur
la terre et partout, qu'un seul vrai Dieu, celui que je
voudrais te faire connaître et adorer.

GELBALA.

Raconte-moi l'histoire de celui qui s'appelle Saturne comme tu dis.

ZAMAÏS.

Figure-toi un géant haut de soixante coudées, sur vingt-cinq de circonférence, tellement lourd que lorsqu'il marche, il fait craquer tous les parquets du ciel !

GELBALA.

Peste !

ZAMAÏS.

Et si goulu qu'il dévore tout ce qui lui tombe sous la dent, absolument tout.

GELBALA.

Peste !

ZAMAÏS.

C'est au point qu'il mange jusqu'à ses propres enfants.

GELBALA.

Peste !

ZAMAÏS.

A telles enseignes que sa femme Rhéa désolée, et ne sachant comment s'y prendre pour en sauver au moins quelques-uns imagina, sur le conseil d'une déesse de ses amies, d'administrer à cet étrange époux un vomitif des plus efficaces qui lui en fit rendre, à la fois, cinq encore tout vivants !

GELBALA.

Peste !

ZAMAÏS.

Saturne connaissant la puissance du vomitif, se

tenait ensuite sur ses gardes, se défiant avec raison
de tout ce qui sortait de la boutique des apothicaires
de là-haut. Sur ces entrefaites, le jeune Jupiter étant
venu au monde, sa mère se trouva fort embarrassée
pour le dérober à la voracité de *Jamais-Soûl*, c'est le
synonyme de Saturne.

GELBALA.

Et que fit-elle pour sauver Jupiter ?

ZAMAÏS.

Elle se fit apporter un gros caillou, choisi entre les
plus durs, et l'ayant emmaillotté de son mieux, elle
le servit, en dessert, à son insatiable mari.

GELBALA.

Belle invention, vraiment ! Je ne m'en serais jamais avisée !... Et puis qu'arriva-t-il ?

ZAMAÏS.

Il arriva que Saturne, croyant sentir chair fraîche,
saisit le bloc à deux mains et l'avala d'un seul coup.

GELBALA.

Peste ! mais une réflexion qui me vient. Est-ce
que ça ne l'a pas gêné un peu, là, sur l'estomac ?

ZAMAÏS.

L'histoire ne dit pas qu'il en ait éprouvé la moindre indigestion, ni même la plus légère colique.

GELBALA.

Peste !

ZAMAÏS.

Et tu crois à de pareilles balivernes ?

GELBALA.

Ça dépend.

ZAMAÏS.

Comment ! ça dépend ? Tu es donc tout à fait in-convertissable ?

GELBALA.

J'en parlerai à Madame.

ZAMAÏS.

Et si Madame se convertit, suivras-tu , du moins, son exemple ?

GELBALA.

Ça dépend.

ZAMAÏS.

Mais si Madame se convertit, ce sera pour de bon-nes raisons , preuve que ta religion ne vaut rien du tout.

GELBALA.

Ça dépend.

ZAMAÏS.

Comment ! après tout ce que je t'ai dit , tu irais encore te prosterner aux pieds de l'idole ?

GELBALA.

Puisque c'est la coutume.

ZAMAÏS.

Te joindre aux insensés qui la chargent de fleurs et d'offrandes ?

GELBALA.

Puisque c'est la coutume.

ZAMAÏS.

Lui demander des faveurs qu'elle est incapable de t'accorder ?

GELBALA.

Puisque c'est la coutume.

ZAMAÏS (*impatientée*).

La coutume est une sotte et toi une autre.

GELBALA.

Puisque tu le prends sur ce ton, il n'y a rien de fait, et je m'en vas.

ZAMAÏS (*la retenant*).

Eh ! non, reviens, te dis-je.

GELBALA.

Tu ne veux pas que je suive ma religion !

ZAMAÏS.

Je veux au contraire que tu en aies beaucoup de religion, mais d'une religion vraie, et non pas d'une religion fausse et absurde comme la tienne.

GELBALA.

La tienne est donc bien meilleure ?

ZAMAÏS.

Oui, ne serait-ce que parce qu'elle est simple et sublime tout à la fois : croire qu'il y a un Dieu unique, créateur du ciel et de la terre, et qui, tôt ou tard, récompense les bons et punit les méchants, c'est beau cela, c'est naturel, et non pas les contes ridicules dont on a chargé la biographie prétendue des idoles de pierre ou d'airain ou d'autre matière insensible.

GELBALA.

Cette religion-là m'irait assez bien, n'était la coutume que j'ai d'en suivre une autre. Adieu, je crains que Madame ne s'impatiente, et je tiens à n'être pas grondée.

ZAMAÏS.

Va donc, et réfléchis le plus que tu pourras sur tout ce que nous avons dit.

GELBALA.

Je t'avoue que ça me chiffonne un peu que toutes ces histoires de dieux mangeurs de leurs propres enfants, passe encore pour ceux des autres.

ZAMAÏS.

Comment malheureuse *passe encore pour ceux des autres !* il faut avouer que le niveau de ta morale n'est pas fort élevé. Mais l'antropophagie est une abomination de quelque part qu'elle vienne, surtout de la part de ceux qui devraient nous donner le bon exemple et que tu appelles si mal à propos des dieux!

GELBALA.

Peut-être bien. Encore une fois bonjour, adieu ; j'en parlerai à Madame. (*Elle sort.*)

SCÈNE II.

ZAMAÏS.

L'intérieur est bon, je le crois, mais l'écorce est rude, la raison n'y mord qu'avec peine et jusqu'ici, du moins, le sentiment pas du tout ; excepté pourtant en ce qui concerne son service auprès de Madame Helcia. C'est quelque chose ; quant à sa conversion proprement dite, elle n'est pas fort avancée ; il n'y a évidemment que les grands coups qui seront capables de la tirer de l'assoupissement mortel qui la captive. Du reste, il s'en prépare de terribles, et la peur achèvera ce que la persuasion n'a fait qu'ébaucher. Une fois engagée dans le bon chemin, il ne sera pas facile de l'en détourner, d'après le caractère que je lui connais. De ce côté-là, du moins, c'est un avantage ; quel malheur cependant que le manque d'instruction et d'éducation première !

Mais d'où vient qu'Alséna tarde tant à me donner des nouvelles de ce qui s'est passé entre les gens du roi et Madame sa mère ? que ce message précipité me donne de vives inquiétudes !

SCÈNE III.

LA MÊME, ALSÉNA.

ALSÉNA.

J'attendais pour entrer la fin de ta conversation avec Gelbala ; j'en connais le motif, je l'approuve et

je t'en remercie ; l'œuvre est commencée, Dieu fera
le reste.

ZAMAÏS.

Commencée oui, mais bien loin d'être achevée. J'y
mettrai du moins tout mon zèle ; vous savez que les
nouvelles converties sont ardentes, je suis de ce
nombre ; malheureusement Gelbala n'est guère sensible qu'aux taquineries qui l'atteignent dans son
amour-propre, elles ne lui manqueront pas ; ça la
tient en éveil, et la porte à réfléchir pour se défendre ; une fois le moyen mis en activité nous en
tournerons la puissance vers un but plus élevé ;
mais, de grâce, parlons de ce qui est en ce moment
l'objet de ma préoccupation la plus grave ; serait-ce
une indiscrétion de vous demander ce qu'il me tarde
tant à savoir ?

ALSÉNA.

Déjà tu vois que je suis libre et que les émissaires
du roi ne m'ont point enfermée dans la prison dure
comme ils en avaient reçu l'ordre.

ZAMAÏS.

Et le motif, s'il vous plaît, d'une pareille incarcé-
ration ?

ALSÉNA.

On prétend que nous avons été reconnues dans la
plaine de Janoé et que c'est nous qui avons favorisé
l'évasion et dirigé la marche des espions de Josué.

ZAMAÏS.

Voyez-vous cela ? Vous savez bien que je l'avais prévu ?

ALSÉNA.

Ce serait à recommencer que je n'hésiterais pas !

ZAMAÏS.

Et comment Madame est-elle parvenue à calmer l'orage ?

ALSÉNA.

Ma mère a obtenu un sursis, mais à quel prix, grand Dieu !

ZAMAÏS.

Parlez, parlez vite, je veux tout savoir, absolument tout.

ALSÉNA.

Le chef de la bande a mis pour condition à ma liberté que j'irais me joindre à mes compagnes pour exécuter encore des chants et des chœurs de danse autour de l'idole qui est adorée à Jéricho !

ZAMAÏS.

Eh bien ! que ferez-vous ?

ALSÉNA.

Peux-tu me le demander?

ZAMAÏS.

Soit, vous n'irez pas, mais alors qu'arrivera-t-il ?

ALSÉNA.

Il arrivera ce que Dieu voudra.

ZAMAÏS.

Je redoute quelque issue fatale qui brisera votre
mère et me tuera moi-même, mais quels sont ces
chants joyeux qui se rapprochent ?

ALSÉNA.

Ils partent sans doute de la députation qui vient
me chercher pour me conduire au temple de Moloch
où chacun s'imagine que je suis sur le point de ren-
trer.

SCÈNE IV.

LES MÊMES, ENNOA, LE CHŒUR.

LE CHŒUR.

Air : *Amis, amis, le soleil va paraître.*

Venez, venez former des chœurs de danse,
    Alséna, présidez nos chants.
Pourquoi tromper une chère espérance ?
Accordez-nous l'appui de vos accents.

—

Vous paraissez ; soudain naissent des roses
    Que balance un souffle amoureux !
Et de ces fleurs encore à demi-closes
Monte un parfum que jalousent les cieux !

—

Mais quand le sort d'un guide nécessaire
    Prive nos danses et nos chants,

2*

La déité sourde à notre prière
N'a plus pour nous de regards bienveillants.

ALSÉNA , ZAMAÏS.

Un doux rayon dissipa le nuage
    Naguère étendu sur nos yeux ;
Jéhova seul a droit à notre hommage ,
Nous abhorrons le culte des faux-dieux.

ENNOA.

Ciel ! qu'ai-je entendu ? Vous ne tenez compte ni
de l'engagement pris par Madame votre mère, ni de
son désespoir si vous y manquez ! Redoutez, au
moins, l'irritation croissante du grand sacrificateur
aussi puissant, plus puissant que le roi lui-même.

ALSÉNA.

Je crains le Roi des rois, le seul qui commande
aux plus fiers potentats de ce monde et qui les brise
quand ils s'opposent à ses volontés : Ah ! loin de vous
suivre dans ce temple où je n'ai que trop encensé de
vaines idoles dont le nom seul est un outrage à la
raison, une insulte au vrai Dieu, je voudrais vous amener vous-mêmes à partager ma croyance nouvelle, et
mon amour pour celui que j'ai résolu de servir au
péril même de mes jours, s'il le fallait. Suivez l'exemple de Zamaïs, elle aussi adore celui qui seul règne
dans les cieux !

ZAMAÏS.

Oui, et je suis aussi fière qu'heureuse de marcher
sur les traces de ma noble et douce maîtresse.

ENNOA

Si vous saviez le sort qui l'attend, peut-être ne seriez-vous pas aussi ferme.

ZAMAÏS.

Hélas !

(Elle se rapproche d'Alséna et lui baise les mains.)

ALSÉNA.

Ne crains rien, Zamaïs, et laisse-moi jeter quelque lumière dans ces cœurs trop innocents pour ne point appartenir au vrai Dieu que nous adorons.

(S'adressant à ses compagnes.)

Quel dommage , quel crime que des voix pures comme les vôtres soient consacrées à honorer des idoles monstrueuses , ou plutôt à couvrir, à étouffer les cris des victimes que l'on égorge sur les autels de Moloch.

On craint que le râle de ces infortunés n'arrive jusqu'aux oreilles de leurs mères et qu'il n'attendrisse les cœurs que n'a pas complétement desséchés l'habitude de ces spectacles affreux ; et c'est pour vous y accoutumer vous-mêmes que les sacrificateurs vous entourent de tant de flatteries, qu'ils vous couronnent de fleurs et vous chargent de vêtements précieux.

ENNOA.

Déjà nous connaissions votre répugnance pour les mystères de cruauté qui s'accomplissent dans l'intérêt, nous dit-on , des habitants de Jéricho. Quelque chose nous disait au fond du cœur que la protection

du ciel ne s'achète point par de pareils sacrifices ;
nous avions même résolu, d'un commun ac-
cord, de suivre votre exemple et de nous abstenir
désormais de ces fêtes ou plutôt de ces orgies
sacriléges indignes de la Divinité, mais jusqu'ici nous
étions retenues par la difficulté de rompre impuné-
ment des engagements pris surtout pendant la crise
que nous traversons, l'ennemi paraissant résolu d'envahir le pays ; enfin ce qui nous a décidées à continuer provisoirement un rôle qui nous répugne, ce
sont les supplications désespérées d'Helcia votre
mère ; il paraît qu'un grand danger vous menace, et
pour le conjurer, il faut absolument que vous con-
sentiez à nous suivre ; quand le cœur n'y est pour
rien, des paroles et des gestes imposés ne sauraient
engager la conscience.

ALSÉNA.

Si personne n'a le courage de la vérité l'erreur
s'éternisera, et ces ravages ne cesseront de s'accroître
ici, les transactions politiques ne sont qu'un masque,
l'arracher est un devoir ; il faut que tous les yeux
puissent juger de la laideur des objets qu'il recouvre.

ENNOA.

Faut-il donc sacrifier à ce devoir trop rigoureux
l'intérêt, la jeunesse, et le plaisir de briller dans les
fêtes données par le roi ?

ALSÉNA.

Tout, et jusqu'à sa propre existence. Le Dieu d'Israël, le seul vrai Dieu que j'adore saura bien nous en rendre une meilleure.

ENNOA.

Israël, dites-vous? mais ce peuple est l'ennemi juré de Chanaan !

ALSÉNA.

Il n'est que l'instrument des justes vengeances du ciel. Les méchants seront punis, mais les bons trouveront grâce à ses yeux. Ecoutez. Les prodiges du passage de la mer Rouge viennent de se reproduire à la voix de Josué le nouveau chef des Israëlites. Dieu l'a glorifié aux yeux de son peuple, comme il avait glorifié Moïse, son illustre prédécesseur. La grande armée a franchi le Jourdain, elle campe à Galgala, elle est à nos portes qui seront brisées, en face de nos remparts qui se renverseront sur de trop faibles défenseurs. Portée sur les épaules des prêtres du vrai Dieu, l'Arche sainte poursuit sa marche triomphale; déjà elle a décrit six fois, autour de la cité coupable, le cercle fatal qui l'étreint; encore quelques jours, que dis-je? encore quelques heures et Jéricho sera détruite.

(Mouvement de terreur.)

ALSÉNA (continuant).

Quant à vous, chères compagnes, cessez de craindre; c'est la bonne et douce Providence qui vous a conduites dans cette maison. Seule elle sera respectée par les vainqueurs. Dieu même m'en a donné l'infaillible garantie. Seulement serrez-vous autour de

ma mère Helcia , je l'ai mise en possession du gage
de votre salut. De ce côté-là, du moins, je suis complétement rassurée.

SCÈNE V.

LES MÊMES, GELBALA.

GELBALA (*éplorée*).

Dieu ! quel malheur ! tout est perdu !
(Elle sanglotte).

ZAMAÏS.

Explique-toi, et vite s'il te plaît.

GELBALA.

Il y a, il y a, il y a, a, a, a !

ZAMAÏS.

Dis donc ce qu'il y a, butorde que tu es.

GELBALA.

Il y a des gens... des gens qui, des gens qui...

ZAMAÏS.

En finiras-tu avec tes *qui qui* ?

GELBALA.

Eh ! bien oui, il y a des gens qui ont mis Madame
aux arrêts dans sa chambre.

ALSÉNA.

Ma pauvre mère ! que j'aille au moins la rejoindre
pour la consoler et l'embrasser.

GELBALA.

Gardez-vous en bien, Mademoiselle, c'est précisément ce qui la perdrait. Ils ont dit que si vous ne
bougiez pas, ils la laisseraient en paix dans sa chambre, sinon qu'ils l'emprisonneraient elle-même. En
attendant, c'est vous qu'ils cherchent, ils veulent
vous emmener de force, ils viendront vous prendre
ici même !

ALSÉNA.

Je leur en éviterai la peine, à cause de mes compagnes que je veux soustraire au sort qu'ils me des-
tinent.

GELBALA.

Ils parlent de trahison, de Moloch, de Baal, que
sais-je encore ? à vrai dire, ça m'a tellement secouée,
que j'en suis devenue malade, et presque folle.

ZAMAÏS.

Oui, folle de peur.... surtout.

ENNOA.

Mes tristes prévisions se réalisent. Les sacrificateurs ne nous ont pas laissé ignorer que, si nous ne
réussissions pas à vous emmener au temple de l'idole, ils auraient recours à la violence, après avoir vai-
nement employé les moyens de persuasion, et que
la trahison, jointe à la révolte contre les dieux du
pays, serait punie du dernier supplice ; il en est
temps encore. Suivez-nous pour échapper à une mort
affreuse.

LE CHŒUR.

Cédez, cédez, l'instant fatal s'avance ;
        Alséna, tarissez nos pleurs ;
N'éteignez pas le flambeau d'espérance,
Ne fanez pas nos couronnes de fleurs.

ALSÉNA.

Je suis sensible à ces regrets, mais je ne puis en
agréer l'expression, après les paroles que je vous ai
dites et le tout autre espoir que vous m'aviez donné
vous-mêmes.

ENNOA.

Au fait, c'est une inconséquence de notre part.
Vous en connaissez le motif, puisse-t-il nous servir
d'excuse... votre courage a ranimé le nôtre... Eh
bien ! je le déclare, au nom de toutes mes compagnes
qui ne me démentiront pas nous appartenons désormais de cœur sans retour au seul et vrai Dieu
que vous adorez.

(De toutes parts :)

Oui, oui, vive le Dieu d'Israël !

ALSÉNA.

Que l'Eternel soit mille fois béni ! après cette dé-
claration franche et solennelle, après l'assurance qui
m'a été donnée du salut de ma mère et du vôtre, je n'ai
plus rien à désirer dans ce monde et je me résigne
au sort qui m'est préparé, quel qu'il soit ! cependant...

GELBALA *(avec enthousiasme)*.

Qu'ils viennent les brigands qui veulent vous pren-

dre ! qu'ils viennent et ils trouveront à qui parler...
Ah ! si tout le monde était comme moi !

ZAMAÏS.

Si tout le monde était comme toi, je crains bien
que ce ne fût le cas d'appliquer la maxime du fabuliste.

GELBALA.

Eh bien ! que dit-il ton *flaflabuliste* ?

ZAMAÏS.

« Haranguez de méchants soldats,
« Ils promettront de faire rage,
« Mais, au moindre danger, adieu tout leur courage;
« Votre exemple et vos cris ne les retiendront pas. »

GELBALA.

C'est ce que nous verrons : ah ! ah !

(*On frappe avec force à la porte de la salle.*)

GELBALA (*effrayée*).

Dieux du ciel, les voilà. Sauvons-nous dans les
caves.   (*Elle sort avec précipitation.*)

SCÈNE VI.

LES MÊMES, MOINS GELBALA.

ALSÉNA.

Je veux leur éviter cette première scène de violence en me rendant à l'appel des bourreaux.

3

ENNOA.

Nous vous suivrons partout, même jusqu'au supplice.

ALSÉNA.

Non, non, restez : votre salut est attaché à votre
séjour dans cette maison.

ZAMAÏS (*s'agenouillant*).

Au moins me permettrez-vous à moi, votre toujours fidèle et inséparable amie, de vous accompa-
gner jusqu'au trépas.

ALSÉNA (*la relevant et l'embrassant*).

Chère Zamaïs, ta présence ne ferait qu'irriter nos
ennemis communs : pourquoi deux victimes quand
une leur suffit? Et puis, ô ma sœur, ô ma tendre et
fidèle confidente, il te reste à remplir un rôle pé-
rilleux, mais qui n'effrayera pas ton courage. Les
apprêts du sacrifice exigeront encore quelques ins-
tants; tu sais de quels ornements particuliers les
bourreaux chargent d'abord leur victime.

Eh bien! il peut, comme au jeune Isaac, m'arriver un secours providentiel.... Je ne puis ni ne veux
m'expliquer davantage.... ton cœur te dira le reste.

ZAMAÏS.

Ah! je comprends! vous avez sauvé Issachar,
Issachar vous sauvera!

(On frappe avec plus de force.)

ALSÉNA.

Adieu donc, chères compagnes, ou peut-être au revoir !

(Elle sort.)

SCÈNE VII.

LES MÊMES, MOINS ALSÉNA.

ZAMAÏS.

Il s'agit de franchir les remparts, je les franchirai ; de pénétrer au camp d'Israël, j'y pénétrerai ; de me jeter aux pieds de l'intrépide Issachar, je m'y jetterai, et pour peu que les bourreaux n'aient point achevé leur travail abominable, ce n'est pas la victime, ce n'est pas l'innocence qui *périra*.

FIN DU DEUXIÈME ACTE.

ACTE TROISIÈME.

SCÈNE PREMIÈRE.

ALCINOÉ, WASTHINE.

ALCINOÉ.

Eh bien ! Wasthine, as-tu pris toutes les informations que je t'avais recommandées ? La jeune et courageuse libératrice des émissaires de Josué est-elle enfin hors de tout péril ?

WASTHINE.

Oui, Madame, au moins de la part de ses ennemis cruels ; mais tant d'émotions successives l'ont tellement fatiguée, que nous en sommes à craindre pour cette vie si chère qui menace, à chaque instant, de nous échapper.

ALCINOÉ.

Oh ! si je croyais que ma présence fût capable de lui rendre un peu de calme, comme je m'empresserais de me joindre aux personnes qui l'entourent et la servent !

WASTHINE.

Madame, la visite de l'illustre sœur de Josué lui serait, sans doute, aussi agréable que flatteuse, mais la pauvre enfant n'est point encore en état de la recevoir. Du reste, vous pouvez, quant aux soins dont elle est l'objet, vous en rapporter à la sollicitude des jeunes Israélites que vous avez chargées de ce service glorieux.

ALCINOÉ.

Ah ! du moins qu'elle apprenne, le plus tôt possible, tout l'intérêt que je lui porte, que dis-je ? toute la tendresse maternelle qu'elle m'a inspirée du moment que j'ai appris son dévouement pour les nôtres et son amour pour le vrai Dieu d'Israël.

WASTHINE.

Elle-même se propose de vous rendre bientôt ses justes hommages. Votre nom est le premier, le seul qu'elle a pu prononcer à son entrée dans le camp d'Israël ; puis elle s'est affaissée entre les bras de sa tendre et chère Zamaïs. Un peu revenue à elle-même, elle m'a chargée de l'excuser auprès de l'illustre sœur de Josué, de son retard à vous offrir ses humbles remerciements.

ALCINOÉ.

Ne pourrai-je, en attendant le bonheur de la voir, connaître le détail des actes de bravoure qui l'ont arrachée au sort que les méchants lui destinaient ?

WASTHINE.

Zamaïs mieux que toute autre pourra vous renseigner à cet égard, elle qui a préparé et provoqué l'acte héroïque des libérateurs de sa jeune maîtresse, et cela en s'exposant elle-même aux dangers les plus grands.

ALCINOÉ.

Que je la voie donc au plus tôt. Va, et s'il lui est possible de quitter un instant son Alséna chérie, qu'elle aussi vienne dans mes bras, car j'ai hâte de lui adresser de chaleureuses félicitations.

(Wasthine sort.)

SCÈNE II.

ALCINOÉ (seule).

Seigneur, que vos desseins sont admirables ! Cette fois encore, vous avez choisi de faibles instruments pour préparer les triomphes de votre peuple ; ce sont des femmes qui ont sauvé en les abritant, et en courant les plus grands dangers pour elles-mêmes, les éclaireurs de Josué ; et voici que, par un retour aussi juste que providentiel, ce sont nos braves qui délivrent Alséna prête à tomber sous le couteau des sacrificateurs païens. Ah ! qu'elles soient les bienvenues sous les tentes d'Israël, ces gracieuses prémices de la gentilité, puisqu'elle aussi, d'après les saints oracles, doit compter des représentants dans la glorieuse ascendance du Messie. Abaissez-vous , collines éternelles, sous les pas du libérateur suprême dont Moïse et Josué nous offrent une si forte et si touchante image, l'un en brisant le joug de son peuple et l'autre en l'introduisant dans la terre promise !

SCÈNE III.

LA MÊME, ZAMAIS.

ZAMAÏS.

J'accours à vos ordres, Madame. J'aurais dû les prévenir, mais la fatigue extrême de ma jeune maîtresse ne m'avait point encore permis de la quitter.

ALCINOÉ.

Je suppose que votre absence momentanée ne lui sera pas trop pénible à cause des soins délicats et des ménagements que j'ai prescrits. Du reste toutes nos Israélites se disputaient l'honneur de la servir.

ZAMAÏS (*s'agenouillant*).

Oh ! merci mille fois à vous de l'accueil que nous avons reçu l'une et l'autre sous les tentes d'Israël !

ALCINOÉ (*la relevant et l'embrassant*).

Vous devez comprendre l'impatience où je suis de connaître les détails que j'attends de votre obligeance.

ZAMAÏS.

A peine étais-je introduite sous la tente d'Issachar
sombre et rêveur, en proie lui-même à une sorte
d'agitation fébrile et instinctive, que, sans attendre
une explication dont il devinait le sens au boulever-
sement de mes traits, il s'est écrié soudain : « Elle
est souffrante, elle est captive.... A moi les braves
qui me suivent aux combats !.. » En moins de temps
que je n'en mets à le raconter, nous avions quitté
les retranchements de Galgalis. Parvenus à la porte
secrète, où j'avais pris soin de ménager une intelli-
gence sûre, nous n'étions plus qu'à quelques pas du
temple, où était sur le point de se commettre un
abominable forfait. Ecartant du regard et du revers
de son glaive la foule qui obstruait son passage,
Issachar tombe comme la foudre au pied de l'autel
où les bourreaux avaient étendu Alséna, le visage
et les yeux déjà couverts des pâles violettes de la mort !
A l'aspect du héros, les sacrificateurs se dispersent,
mais déjà l'ordre du massacre était donné, et pendant que, sous la protection de ce bras terrible, je
détachais les bandelettes prétendues sacrées qui retenaient la jeune victime, les forts d'Israël renver-
saient le monstre d'airain sur les cadavres sanglants
qui jonchaient le sanctuaire abominable. Alséna était
libre enfin, et je recueillais avec bonheur ce faible
cri : Zamaïs, est-ce toi, chère Zamaïs ? — Oui,
bonne et douce maîtresse, je suis là, près de vous,
veillant sur mon trésor adoré; oh ! ne craignez rien,
confiez-vous aux bras généreux qui ont terrassé vos

ennemis et vous ont affranchie de tout péril. Cependant, portée sur les épaules des prêtres du vrai Dieu, l'Arche sainte achevait son septième et dernier circuit ; autour de la cité criminelle déjà commençait à retentir le son des instruments belliqueux, signal de la chute des murs de Jéricho ; aussi, après avoir déposé le fardeau précieux qu'il avait eu le bonheur de presser un instant dans ses bras, sous la tente qui lui était destinée, l'infatigable Issachar s'est-il élancé de nouveau à la tête des bataillons qui réclamaient sa présence. Peut-être ont-ils, en ce moment, recommencé la juste et terrible vengeance des droits les plus sacrés de la nature et de la religion.

Madame, vous savez le reste.

ALCINOÉ.

J'en sais assez pour comprendre que l'Eternel, toujours admirable dans ses desseins, l'est peut-être encore davantage dans les moyens dont il se sert pour les réaliser.

Et maintenant, chère et intrépide Zamaïs, retournez auprès de votre douce et bonne maîtresse, de cette digne élue du Seigneur pour opérer de grandes choses, et ne cessez de lui prodiguer les soins que son état réclame.　　　　　*(Zamaïs sort.)*

SCÈNE IV.

ALCINOÉ.

Quelles sont donc intéressantes l'une et l'autre !

quelle amitié, quel dévouement réciproque et quel
courage à défendre la bonne cause ! Sans doute
l'Eternel, le Tout-Puissant n'a pas besoin pour triompher du faible concours de ses créatures ; cependant
il s'en sert, il l'exige, bien qu'il soit capable de bri-
ser, à lui seul, l'opposition des méchants et de ré-
duire en poudre tous les projets de l'iniquité !

SCÈNE V.

LA MÊME, WASTHINE.

WASTHINE.

Madame, on m'a remis ce papier de la part du
général en chef de l'armée Israélite ; voyez ce qu'on
y réclame et donnez-moi vos ordres, surtout, m'a-
t-on dit, pas de retard dans l'exécution.

ALCINOÉ (*lisant*).

« Sœur bien-aimée,

« Au moment où s'accomplissent les dernières pres-
criptions de Jéhovah, au moment où nos braves se
disposent à pénétrer dans la cité criminelle pour
exécuter les ordres sévères du Roi du ciel contre ceux
qui trop longtemps les ont bravés, je viens, au nom
de l'armée que je commande, réclamer le secours de
tes prières. — A toi de remplir, avec tes jeunes Israélites, le rôle de Moïse, mon auguste prédécesseur,

riant sur la colline, les mains élevées vers le ciel,
endant que je combattais Amalec dans les plaines
e Raphidim. Tu sais qu'un triomphe à jamais mé-
orable couronna les efforts des Israélites. Ah! l'in-
ercession de la vertu, aussi bien que les prières de
'innocence sont plus fortes que les plus forts batail-
ons. Sœur chérie, je compte sur un zèle que je me
suis habitué, avec l'armée tout entière, à ne jamais
trouver en défaut. »

ALCINOÉ.

Déjà le soleil a rempli la moitié de sa course; c'est
l'heure qui rappelle à la prière; d'où vient que nos
compagnes manquent à leur exactitude accoutumée,
au moment où mon frère, au nom d'Israël tout entier,
nous adresse un appel si chaleureux?

WASTHINE.

Pour paraître elles n'attendent que vos ordres,
Madame.

ALCINOÉ.

Entrez donc, entrez, jeune légion, tribu choisie,
pour embellir nos fêtes et pour donner des ailes à la
prière qui monte vers le ciel.

(Entrée des jeunes Israélites composant le chœur.)

SCÈNE VI.

LES MÊMES, LE CHŒUR

(Conduit par Alcinoé).

Air : *Amis, la matinée est belle.*

UNE VOIX.

Dieu d'Abraham, Dieu de Moïse,
Providence de nos aïeux,
Couronne aujourd'hui l'entreprise
D'où dépend le sort des Hébreux.

LE CHŒUR.

Que les justes vainqueurs fleurissent,
    Seigneur, entends-nous ;
Et que les infâmes périssent,
    Seigneur, entends-nous ;
Ils n'ont que trop excité ton courroux !

UNE VOIX.

Que notre humble et vive prière
Monte vers le trône éternel,
D'où descend l'appui tutélaire
Qu'implore en ce jour Israël.

LE CHŒUR.

Que les justes vainqueurs fleurissent, etc.

UNE VOIX.

Encore un de ces grands miracles
Que nous devons à ton amour ;

Pour accomplir les saints oracles,
Que Jéricho tombe à son tour.

LE CHŒUR.

Que les justes vainqueurs fleurissent, etc.

SCÈNE VII.

LES MÊMES, ALSÉNA.

ALSÉNA (*se jetant aux pieds d'Alcinoé*).

Pardonnez, digne sœur de l'illustre chef des Israéli-s, si l'expression directe de ma reconnaissance our les soins qui me sont prodigués sous les tentes 'Israël, ne vous est point arrivée plus tôt, mais vous n savez la cause ; peut-être même ne serais-je point ncore à vos pieds si un autre motif, et des plus im-érieux, ne m'y avait précipitée.

ALCINOÉ (*la relevant et l'embrassant avec effusion*).

Parlez, chère Alséna, parlez en toute confiance ; l n'est permis à aucun Israélite, et à moi toute la remière, de rejeter une supplique formulée par celle à qui nous devons, après Dieu, l'accès qui nous est ouvert dans la terre de Chanaan.

ALSÉNA.

Madame, si j'ai bien compris votre religion qui est devenue la mienne, le Dieu d'Israël est encore moins e Dieu des justes vengeances que la source d'une ntarissable pitié pour les malheureux, pour les coupa-les repentants.

ALCINOÉ.

Alséna, ne demandez pas grâce pour des infâmes voués à l'anathème. Il n'est pas permis d'agir contre un ordre de Dieu.

ALSÉNA.

Dieu ne veut pas , Dieu ne saurait vouloir la mort des innocents ni même celle des coupables qui se repentent.

ALCINOÉ.

Oh ! je comprends , chère Alséna ; mais la maison de votre mère n'est pas comme les autres vouée à l'anathème ; seule elle sera épargnée , respectée, et pas un cheveu ne tombera de la tête de toutes les personnes qui auront eu le bonheur de s'y réfugier, vous-même en avez reçu l'infaillible assurance, et mon frère a donné des ordres qui seront exécutés. Croyez-vous, chère Alséna, que mes compagnes et moi ne gémissions pas aussi de l'effroyable exécution qui suivra la prise de Jéricho , mais la patience divine a un terme et ce terme est arrivé !

ALSÉNA (*avec animation*).

Oui, elle est arrivée, la terrible échéance provoquée par les crimes de Jéricho ! Et cependant le fracas de ses murailles s'écroulant aux immenses acclamations de toute une armée a retenti dans le fond de mon cœur ; et (que le ciel, si je l'ai offensé, me pardonne cette émotion) des larmes me sont échappées, car après tout la cité coupable c'était ma

atrie,.. Israël poursuit le cours des justes vengean-
es dont il n'est que l'instrument providentiel. Ah !
'entends les cris des vainqueurs et les navrantes
amentations des victimes se mêlant aux efforts d'une
ésistance inutile... C'en est fait, Jéricho n'est plus
qu'un amas de ruines fumantes, au-dessus desquelles
plane un silence de mort, succédant aux clameurs
frénétiques du désespoir ; aussi, Mdáame , ne suis-je
point accourue pour réclamer contre l'anathème et
pour la résurrection impossible de ceux que le glaive
a moissonnés; mais Caphira, Cariathis et Gabaon,
ces villes infortunées que les vainqueurs brûlent
aussi d'envahir, n'ont point partagé l'obstination
criminelle des habitants de Jéricho ; déjà leurs députés sont arrivés au camp d'Israël, offrant de se rendre sans condition, et ne demandant que la vie
sauve, pour leurs malheureux concitoyens.

Josué incline pour la clémence, cependant il veut
consulter son conseil avant que de répondre aux
suppliants ; hélas ! la plupart des chefs pensent qu'il
faut profiter de l'enthousiasme qu'a jeté dans l'armée israélite le succès miraculeux de ce jour, en
continuant la terreur qui amènera la défaillance et
par suite l'anéantissement de toutes les populations
cananéennes ; à vous, Madame, d'intervenir dans
cette circonstance critique, en intercédant pour les
malheureux; à vous de remplir sur la terre le rôle
des anges dans le ciel ! De grâce, ne perdez pas un
moment, pénétrez dans le sein du conseil, vous seule
en avez le droit, fléchissez la colère des uns, aidez

le bon vouloir des autres, et vous aurez remporté, à vous seule, la plus belle de toutes les victoires !

ALCINOÉ.

Qui donc êtes-vous, jeune et aimable inspirée, vous qui lisez à distance ce qui se passe dans le cœur de nos guerriers ? Ah ! vous ne pouvez être qu'un bon génie descendu du ciel, pour éclairer les uns, sauver et diriger les autres. Douce apparition, charmante draperie jetée, pour en tempérer l'horreur, sur la sanglante ivresse des batailles, je cède à vos désirs sans les discuter ; puisse l'Eternel favoriser la mission que j'accepte, et réaliser des vœux qui sont aussi les nôtres. En attendant, adressez vos prières à celui qui seul est le souverain des volontés humaines. Wasthine accompagne mes pas.

(Elles sortent.)

SCÈNE VIII.

LES MÊMES, MOINS ALCINOÉ ET WASTHINE.

(Le chœur conduit par Alséna ; même air que le précédent.)

UNE VOIX.

Dieu d'Israël, mets la clémence
Au cœur de nos braves guerriers.
Qu'ils cueillent la reconnaissance,
C'est le plus flatteur des lauriers.

LE CHŒUR.

Le repentir vaut l'innocence,
Seigneur, à tes yeux.

Le repousser est une offense
Seigneur, à tes yeux;
Pitié, pitié, pour tant de malheureux!

UNE VOIX.

Quand l'infidèle obstiné tombe,
On peut crier : Gloire aux vainqueurs !
Mais quand le repentir succombe,
L'humanité verse des pleurs.

LE CHŒUR.

Le repentir vaut l'innocence, etc.

UNE VOIX.

Que les conseils de la colère
Dans nos chefs ne prévalent pas;
Oh ! qu'ils accordent grâce entière
Au suppliant qui tend les bras !

LE CHŒUR.

Le repentir vaut l'innocence, etc.

SCÈNE IX.

LES MÊMES, ALCINOÉ, WASTHINE.

ALCINOÉ.

Soyez heureuse, Alséna : c'est la clémence qui a
prévalu, grâce aux prières que vous avez adressées à
Dieu et qui ont secondé mes efforts ; cependant, ainsi
que vous l'aviez prévu, il était bien temps d'arriver
et d'agir.

Au moment où je pénétrais dans le sein du con-

3*

seil, j'ai compris, à l'épanouissement qui s'est mani-
festé sur le visage de mon frère, que mon interven-
tion lui était agréable. Ma présence au milieu d'une
telle assemblée indiquait assez l'objet de ma mission :
aussi, après quelques paroles où j'ai traduit surtout
les vœux ardents d'Alséna libératrice, des éclaireurs
de Josué, j'ai compris que ma cause allait triompher
dans tous les cœurs. Comme on devait s'y attendre,
Issachar et Joram ont appuyé ma demande; et leurs
discours, évidemment inspirés par une reconnaissance affectueuse, ont entraîné l'assemblée. Elle écou-
tait avec un intérêt toujours croissant le détail des
services que vous aviez rendus à la bonne cause, vous
et votre héroïque Zamaïs. La parole impétueuse et
presque passionnée d'Issachar électrisait tous ses
compagnons d'armes, cette fois, non pour les pousser aux combats meurtriers, mais en leur dépeignant
les charmes de la clémence exercée envers des populations suppliantes.

Et puis, pour achever la conquête de ceux qui
auraient encore hésité, Joram, le conseiller, l'ami intime de mon frère, Joram instruit par Moïse lui-même
dans l'art de calmer les agitations trop ardentes parlait à tous ce langage de raison et d'apaisement qui
va si bien sur les lèvres d'un vieillard; ses expressions
pleines de sens et de retenue coulaient comme un
rayon de miel pressé dans une coupe d'or ; moins
douce est la rosée tombant sur le sol altéré, qui la
boit et tressaille... Une acclamation unanime accueille
les derniers accents de l'orateur du pardon. Les

députés Gabaonites qui jusque-là s'étaient tenus à quelque distance attendant, avec une anxiété facile à comprendre, l'issue d'un débat, pour eux question de vie ou de mort, devinent que leur cause est définitivement gagnée dans l'esprit de nos chefs; ils se précipitent plutôt qu'ils n'arrivent sous la tente qui les rassemblait, et se jetant à mes pieds qu'ils couvrent de larmes et de bénédictions, attribuent à mon influence, à ma démarche, un résultat qui n'est dû qu'à vous seule, chère et puissante Alséna ; j'aime à vous en témoigner ma reconnaissance personnelle, et en même temps celle de tant d'autres dont je ne suis que l'intermédiaire et l'heureuse interprète. — Mais d'où vient qu'après tant de bonheur, il reste encore un nuage sur votre front ? ah ! je comprends, vous êtes toujours en proie à ces souffrances cruelles qui vous ont tant fatiguée et que vous n'avez surmontées, un instant, que pour accomplir l'acte libérateur qui suffirait, à lui seul, pour immortaliser votre nom dans les fastes d'Israël et du monde entier !

ZAMAÏS.

Telle est pour moi la transparence de ses traits que j'ai appris à deviner sa pensée même avant que la parole ne l'ait traduite ; eh bien ! Madame, ce qui la préoccupe en ce moment, c'est l'absence de sa mère, de ses sœurs et de toutes ces jeunes compagnes réfugiées dans la maison d'Helcia.

ALCINOÉ.

Mais vos inquiétudes ne sont pas fondées, chère

et sensible Alséna : vous avez une assurance divine, plus les ordres donnés par mon frère.

ZAMAÏS (*à Alséna*).

Plus encore l'infatigable activité du héros particulièrement chargé de l'exécution des ordres de Josué. Mon Dieu, vous savez bien que, pour vous être agréable, il aurait bravé cent fois cent bataillons... Allons donc ! ne faites pas l'ignorante, vous qui savez tout, excepté cela seul apparemment.

ALSÉNA (*avec dignité*).

Zamaïs, cesse un langage qui me déplaît. Je suppose et je dois supposer que, dans tous les événements providentiels dont nous sommes les témoins encore plus que les acteurs, chacun n'a eu, comme moi-même, d'autre mobile que la gloire de Dieu et l'accomplissement d'un devoir de conscience et d'humanité : ce qui, du reste, ne saurait porter atteinte à la reconnaissance profonde que j'ai vouée à mon libérateur généreux !

ZAMAÏS.

De la reconnaissance, c'est déjà quelque chose !

ALSÉNA.

Oh ! rends-moi plutôt ma mère, mes sœurs et toutes les compagnes qui me sont si chères.

ZAMAÏS.

Elles sont là, tout près, aussi impatientes que vous-même de vous revoir. Elles n'attendent pour paraître qu'un signe de ma part. Je les tenais en réserve comme un bouquet pour couronner la fête. Entrez, entrez, Mesdames, vous serez les bienvenues, et de toute façon je vous assure.

SCÈNE X.

LES MÊMES, TOUS LES PERSONNAGES DE LA PIÈCE.

HELCIA (*se jetant dans les bras de sa fille*).

O bonheur ! je retrouve à la fois ma fille et le vrai Dieu dont je restai trop longtemps éloignée. Je m'attache uniquement à son service, de cœur et pour toujours, ainsi que toutes les personnes qui m'accompagnent.

TOUTES LES CANANÉENNES.

Oui, de cœur et pour toujours.

ALCINOÉ.

Je reçois au nom de Josué mon frère l'expression solennelle de ces vœux, qui sont un des plus beaux fruits de la victoire.

ZAMAÏS.

Il y a bien aussi là une autre pénitente qui n'ose se montrer, et pourtant elle est convertie, cette fois, de manière à ce qu'on ne saurait s'y méprendre.

ALSÉNA.

Pauvre Gelbala ! elle est donc enfin revenue de sa terreur panique ?

GELBALA.

Oui, Mademoiselle, et aussi de l'erreur profonde où j'étais par rapport à la religion. *Les grands coups* dont parlait Zamaïs ont produit leur effet, et surtout l'exemple de Madame. Merci à vous, Mademoiselle, qui nous avez valu tous ces avantages si précieux.

ZAMAÏS.

La morale de tout ceci, je la trouve encore dans mon cher fabuliste, et non pas *flaflabuliste*, comme dirait Gelbala.

GELBALA,

Je le vois bien, c'est pour éprouver mon caractère... Eh bien ! tu sauras, malicieuse Zamaïs, que depuis ma conversion, ces traits-là qui, autrefois, me piquaient au vif, glissent comme de l'eau sur de la toile cirée. Voyons toujours le *fa-bu-lis-te*, car, malgré tout, il me reste encore un petit grain de curiosité.

ZAMAÏS.

Quant à ce défaut-là, il tient à la nature des femmes, à ce qu'on dit.

GELBALA.

Et aussi quelque peu à la nature de ceux qui le disent.

ZAMAÏS.

Voici mon quatrain :

Aidons-nous mutuellement,

a charge des malheurs en sera plus légère,
         Le bien que l'on fait à son frère,
our le mal que l'on souffre est un soulagement.

         En d'autres termes :

l ne se faut jamais moquer des misérables,
   ar qui peut s'assurer d'être toujours heureux ?

         Ou bien encore :

Il se faut entr'aider, c'est la loi de nature.

   Il n'y a, en effet, que les ânes qui s'en moquent,
toujours d'après mon fabuliste.

ALCINOÉ.

Jeunes Israélites, jeunes Cananéennes, unissons
nos voix, unissons nos cœurs pour remercier Dieu,
non-seulement de la grande victoire remportée par
Israël, mais encore de l'alliance qui s'est accomplie
entre des peuples faits pour s'estimer et s'aimer et
non pas pour s'entre-détruire, alliance féconde d'où
sortira un jour ce fruit de bénédiction, ce Messie tant
désiré, libérateur universel, qui sera le salut du genre
humain tout entier. Chère Alséna, vous qui voyez sur
la terre ce que les Anges lisent dans le ciel, ne
pourriez-vous nous signaler quelques noms des plus
brillants dans cette glorieuse ascendance qui nous
sépare encore des jours du Messie? Au besoin je vous
en intimerais l'ordre, car on ne saurait trop divul-
guer les desseins toujours admirables de l'Eternel.

ALSÉNA.

Qu'il est beau, qu'il est habile ce David ! ce jeune

pâtre échangeant sa houlette contre un sceptre royal !
Un nuage assombrit, un instant, l'éclat de son règne,
mais un sincère et prompt repentir en a rétabli la splen-
deur. Les chants harmonieux du monarque poëte reten-
tissant à travers les âges, deviennent l'éternel monu-
ment de son repentir et de sa reconnaissance envers le
Dieu qui pardonna, et aussi de la beauté de son génie.
Salut à la tige brillante de Jessé ! Le calice qui la
surmonte abrite des parfums qui doivent enivrer le
monde à jamais ; plus près de nous encore, j'aperçois Ruth la glaneuse. Qu'elle est touchante dans les
soins qu'elle prodigue à sa chère Noémi ! Noémi revenue du fond de Moab pour mourir au pays qui l'a
vue naître , Noémi autrefois la *belle* et maintenant
l'affligée, mais sa douce compagne ne lui fera pas défaut ; devenue l'épouse du riche Booz, elle n'oubliera
pas, dans sa fortune, elle ne cessera pas d'aimer et
de soigner celle dont elle a courageusement suivi les
pas et embrassé la religion.... Ici, Madame, se place-
raient des noms que je ne dois pas prononcer.... et
puis mon indignité personnelle et profonde s'oppose
à ces mystérieux desseins ! Cependant, ô mon Dieu ,
si telle est votre volonté suprême , je m'incline et
j'adore.

ZAMAÏS.

Enfin, elle a dit : *Oui*, ce n'est toujours pas sans
se faire beaucoup prier.

ALCINOÉ.

Venez, que je vous presse dans mes bras, douce et

illustre aïeule du Messie ! vous, l'un des plus char-
mants anneaux de cette chaîne d'or qui rattache
Abraham, le père des croyants, au berceau du Rédempteur promis [1].

HELCIA.

O ma fille, mon enfant bien-aimée, toi dont j'ai
trop tardé à reconnaître la mission sublime, mon
amour seul pourra, désormais, égaler le respect que
m'inspirent tes vertus et ta haute destinée.

ALCINOÉ.

Chantons, le chant seul peut traduire toutes les
émotions de notre âme.

CHŒUR FINAL.

Air : *Que le Seigneur est bon !*

UNE VOIX.

Le Seigneur a régné, la gloire est son partage !
A nous de reconnaître et d'exalter son bras !
Les succès éclatants sont toujours son ouvrage,
Du guerrier qui l'implore, il accroît le courage
Et le fait triompher dans les justes combats !

[1] C'est effectivement de l'alliance de l'un des fils
d'Israël avec la famille qui abrita et sauva les éclaireurs
de Josué que sortit Booz, époux de Ruth et père d'Obed ;
après celui-ci vient Jessé, père du roi David, aïeul
du Messie par Joseph, époux de Marie sa proche pa-
rente, laquelle sortait aussi de la lignée de l'auteur des
psaumes.

4

Le Seigneur a régné, la gloire est son partage !
A nous de reconnaître et d'exalter son bras !

UNE AUTRE.

Il instruit, il éclaire,
Pardonne au repentir sincère
Qu'il écrit dans le ciel.
Le malheur poursuit qui l'outrage,
Il n'est point pour lui d'héritage
Dans la terre aux ruisseaux de miel ;
Trouble, ennui, voilà son partage,
Il n'est de vrai bonheur qu'à servir l'Eternel !

TROIS ISRAÉLITES.

Sa droite a renversé notre ennemi superbe.

L'UNE DES TROIS.

Elle l'a mis plus bas que l'herbe.

TROIS CANANÉENNES.

Il n'est de vrai bonheur qu'à servir l'Eternel !

TOUT LE CHŒUR.

Sur qui n'a point bravé le feu de son courroux
Jamais n'éclate sa vengeance,
Il peut compter sur sa clémence
Celui qui tombe à ses genoux.

FIN DU TROISIÈME ET DERNIER ACTE.

Poitiers. — Typographie et stéréotypie OUDIN.

LA RELIGION EN ACTION

RÉPERTOIRE DE LA JEUNESSE.

1re SÉRIE COMPRENANT :

1º **Moïse sauvé des eaux**, Drame en trois actes, in-18, broché. » 60

2º **La Fille de Jephté**, Drame en trois actes, in-18, broché. » 60

3º **Anna la Prophétesse.—Les Bergères de la Palestine au temps du Messie**, Pastorales, in-18, broché. » 60

4º **Eustache, martyr**, Tragédie en trois actes, in-18, broché. » 60

5º **Lucie, vierge et martyre**, Tragédie en trois actes, in-18, broché.
— **Chants** pour distribution de prix. » 60

6º **Clotilde ou la conversion des Francs**, Drame en trois actes, in-18, broché. » 60

7º **Pélage ou la Croix affranchie**, Tragédie en cinq actes, in-18, broché. » 80

8º **Ingelburge ou l'Épouse chrétienne**, Drame en trois actes, in-18, broché.
— **La Fête d'une mère**, Proverbe. » 60

LA RELIGION EN ACTION

RÉPERTOIRE DE LA JEUNESSE.

2e SÉRIE COMPRENANT :

1° **La bonne Demoiselle ou le Voyage en Terre-Sainte**, Comédie-Vaudeville, en trois actes, in-18, broché.

— **Chants** pour la Fête de la sainte enfance. » 80

2° **Magdaléna ou la petite Fille corrigée**, Comédie-Vaudeville, en quatre actes, in-18, broché. » 80

3° **La vraie Religion**, poëme en quatre chants.—**Sacre de Mgr Antoine-Charles Cousseau**, évêque d'Angoulème, stances. in-18, broché. » 60

4° **Le Double Sacrifice ou la vertu récompensée**, Comédie-Vaudeville, en trois actes, in-18, broché. » 80

5° **Azémia ou la Charité chrétienne**, Comédie-Vaudeville, en trois actes, in-18, broché. » 80

6° **La Réparation ou la Rencontre providentielle**, Comédie-Vaudeville en trois actes, in-18, broché. » 60

7° **Alséna ou la prise de Jéricho**, Drame héroï-comique, en trois actes et en prose, mêlé de chants, in-18, broché. » 60

8° **Poésies diverses**, in-18, broché. » 60

Poitiers. — Typographie et Stéréotypie OUDIN.

www.ingramcontent.com/pod-product-compliance
Lightning Source LLC
Chambersburg PA
CBHW071341030726
47594CB00002B/707